글·그림 김명선

어린 시절, 흰 벽을 마음껏 누리게 해 준 어머니처럼, 마음 넉넉한 엄마와 작가로 살아가는 게 꿈입니다.
어린이를 위한 그림을 그리고 글을 씁니다.
쓴 책으로는 《엄마랑 책 볼까?》, 《아빠랑 책 볼까?》, 《동생아 책 볼까?》 등이 있고
그린 책으로는 《꼴찌, 전교회장에 당선되다》, 《통일이 분단보다 좋을 수밖에 없는 12가지 이유》가 있습니다.

평화가 전쟁보다 좋을 수밖에 없는 12가지 이유

김명선 글·그림

1판 1쇄 2019년 10월 15일
1판 2쇄 2025년 4월 10일

펴낸이 모계영 **펴낸곳** 가치창조
출판등록 제406-2012-000041호
주소 경기도 고양시 일산동구 중앙로 1347 쌍용플래티넘 228호
전화 070-7733-3227 **팩스** 031-916-2375 **이메일** shwimbook@hanmail.net
ISBN 978-89-6301-179-0 77900

ⓒ 김명선 2019

- 이 책의 저작권은 저자와 가치창조 출판그룹에 있습니다.
- 저작권법에 따라 무단전재 및 복제를 금합니다.

가치창조 공식 블로그 http://blog.naver.com/gachi2012
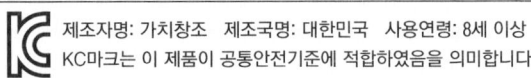는 가치창조 출판그룹의 어린이책 전문 브랜드입니다.

제조자명: 가치창조 제조국명: 대한민국 사용연령: 8세 이상
KC마크는 이 제품이 공통안전기준에 적합하였음을 의미합니다.

단비어린이

작가의 말

우리의 작은 실천으로 지구가 아름답게 바뀌기를

이 세상의 많은 사람들은 전쟁 없는 곳에서 평화롭게 살고 싶어 합니다. 그런데 전쟁으로 수많은 사람들이 목숨을 잃고 세계를 떠도는 난민이 되는데도 왜 전쟁은 멈추지 않는 걸까요? 세계사에서 전쟁이 없던 시기를 찾아보기 힘들 정도지요. '평화를 지키기 위해 많은 이들이 노력하는데도 왜 전쟁은 멈추지 않을까?' 이 책은 이런 의문에서 시작되었습니다.

나라와 나라 사이에 벌어지는 전쟁도 사실 알고 보면 그 원인은 매우 사소한 경우가 많습니다. 우리가 친구들과 싸우는 이유와 크게 다르지 않지요. 나라 간에도 믿음이 깨지거나 더 많은 땅을 차지하려고 욕심을 부리거나, 서로 다른 종교나 정치적 이념을 인정할 수 없어서 전쟁을 일으켜요. 하지만 전쟁 때문에 생기는 피해는 친구 사이의 싸움하고는 비교가 안 될 만큼 참혹합니다. 전쟁이 일어나면 전쟁을 일으킨 주체는 물론이고, 전쟁과 아무런 관련이 없는 국민들까지 피해를 겪게 됩니다. 수많은 사람들이 너무나 짧은 기간에 목숨을 잃고, 가족을 잃으며 나라를 잃기도 합니다.

그럼에도 불구하고 아직도 세계 곳곳에서는 전쟁이 계속되고 있어요. 이런 전쟁의 소용돌이에서 빠져나와 평화의 길로 들어서려면 어떻게 해야 할까요?

우선, 전쟁의 역사를 살펴야 합니다. 뼈아픈 전쟁 역사를 알아야 평화가 얼마나 소중한지 알고 그것을 지키기 위해 노력할 수 있으니까요. 이 책에서는 근현대시기에 일어난 세계의 주요 전쟁을 살펴보며 왜 평화가 전쟁보다 좋을 수밖에 없는지를 생각해 봅니다.

평화의 소중함을 깨달았다면, 이제 적극적으로 평화를 만들어 가야겠죠? 지금 여러분이 자신의 위치에서 평화를 위해 할 수 있는 실천은 주위 사람들과 좋은 관계를 유지하는 거예요. 서로 이해하고 배려하고, 나와 의견이 다른 이와는 대화와 타협으로 해결하려고 애쓰고, 오해와 서운함에 대해서는 용서하는 마음을 갖는 것, 이것이 평화를 위해 우리가 할 수 있는 것이에요. 이것이 습관화된다면 어른이 되어서도 싸우고 전쟁을 일으키는 일이 확연히 줄어들겠죠.

그리고 또 하나, 전쟁으로 고통 받는 이들을 외면하지 않는 것이에요. 전쟁의 가장 큰 피해자는 어린이입니다. 분쟁 지역에 사는 어린이들은 굶주림과 질병으로 쉽게 목숨을 잃고, 무거운 총을 든 채 무시무시한 전쟁터로 내몰리기도 합니다. 여러분 또래의 친구들이 평화롭고 안전한 곳에서 살아갈 수 있게 작은 실천을 해 보세요. 구호 단체를 통해 분쟁 지역 친구들에게 희망과 용기를 주어도 좋습니다. 여러분들의 평화를 향한 노력과 마음은 지구를 아름답게 변화시킬 것입니다.

"모든 이에게 평화를"
어린이책 작가 **김명선**

하나. 전쟁은 이긴 쪽과 진 쪽 모두에게 상처를 남겨
제1차 세계대전(1914년~1918년)

지금으로부터 약 100여 년 전 유럽에선 역사상 유례없이 큰 전쟁이 일어났어. 그 전쟁은 1914년부터 1918년까지 무려 5년 동안이나 이어졌고, 1000만여 명이 목숨을 잃고 나서야 끝이 났어. 1000만 명이 얼마나 많은지 짐작이 되지 않는다고? 우리나라 인구가 약 5000만 명이니까, 우리나라 인구의 5분의 1이 목숨을 잃은 셈이지. 이 무시무시한 전쟁이 바로 제1차 세계대전인데, 세계 여러 나라가 참가한 규모가 큰 전쟁이란 의미야.

그런데, 제1차 세계대전은 왜 일어났을까?

18~19세기 동안 유럽에선 산업혁명이 일어나. 과학기술이 발달하면서 사람이 하던 일을 기계가 대신하게 되고 생산력이 비약적으로 발달하게 된 거지. 그러다 보니 영국과 프랑스, 독일 등 산업혁명을 이끈 나라들은 생산력을 뒷받침해 줄 자원과 노동력이 더 많이 필요했어. 자기 나라에서 충족되지 않는 문제들을 해결하고자 다른 나라를 식민지로 만들기 시작했지. 이렇게 무력으로 다른 나라들을 식민지화하려는 나라를 '제국주의 국가'라고 불러.

식민지의 자원과 노동력을 싼 값으로 이용할 수 있으니 제국주의 국가들은 더 많은 식민지를 갖고 싶어 했겠지. 그래서 전쟁이 시작됐어. 영국, 프랑스, 러시아가 연합국으로 한 편, 독일과 오스트리아가 동맹국이 되어 한 편, 이렇게 대립하여 벌어진 전쟁에선 기술의 발달을 보여 주기라도 하듯 과거 전쟁에서 볼 수 없었던 강력한 현대식 무기들이 등장했어. 탱크, 잠수함, 기관총, 전투기, 독가스……. 파괴력이 크니 한 번의 공격에 다치고 목숨을 잃는 이들의 수도 곱절로 많았어. 5년여 기간 동안 국민들은 전쟁터로 나가거나, 공장에서 무기를 만들거나, 전쟁에 필요한

물품들을 보내느라 정상적인 삶을 살 수 없었어.

식민지를 넓혀 더 부강해질 목적으로 전쟁을 일으켰겠지만, 결국 남은 건 무엇일까? 승전국과 패전국 모두 합해 1000만여 명의 사망자, 2000만여 명의 부상자를 냈을 뿐 아니라 황폐해진 국토와 바닥난 국가 재정까지 그 피해는 말로 다 할 수 없을 정도야. 전쟁이 일어나지 않았다면 이런 참혹한 일들은 벌어지지 않았을 거야.

제1차 세계대전 지도

국제연맹과 국제연합

세계는 더는 전쟁을 하지 말고 평화롭게 지내자는 데 뜻을 모아 '국제연맹'이라는 단체를 만들었어. 1920년 스위스 제네바에 세워진 국제연맹은 국가 간 다툼을 조정하고 화해를 유도하는 역할을 했지. 그러나 제2차 세계대전을 막지 못하자 국제연맹 스스로 해체를 결정했고, 지금은 '국제연합(UN)'이 그 뜻을 이어받았어. 국제연합은 나라 사이의 전쟁이나 분쟁을 평화적으로 해결하고 모든 인류가 행복하게 살 수 있도록 다양한 분야에서 방안을 찾는 일을 해. 우리나라도 1991년부터 국제연합에 가입해 세계평화를 위해 한 국가로서의 몫을 해내고 있어.

둘. 전쟁은 또 다른 분쟁과 대립으로 계속해서 이어지지
제2차 세계대전(1939년~1945년)

제1차 세계대전 이후 국제평화기구인 국제연맹의 노력에도 불구하고 20여 년 만에 다시 제2차 세계대전이 일어나고 말았어.

2차 세계대전은 독일과 이탈리아, 일본이 주축이 되어 일으켰어. 당시 이 세 나라는 특정 당(독일의 나치스, 이탈리아의 파시스트, 일본의 군부)이 정권을 잡고 무력으로 국가 발전을 이루려는 공통점을 가지고 있었어. 그리고 자신들이 세계의 주축이라는 의미로 '추축국'이라고 칭했어.

1939년 9월 독일의 폴란드 침략을 기점으로 2차 세계대전이 시작되었고 추축국에 대항한 영국, 프랑스, 미국, 소련이 연합을 이루어 전쟁이 이어졌지. 하지만 전쟁이 계속될수록 세계의 거의 모든 나라가 전쟁터에 합류하게 되었어. 1차 세계대전에서 패배했던 독일은 군사력을 키워 2차 세계대전 초반에는 유럽의 많은 나라들을 점령했어. 그러나 미국이 적극적으로 전쟁에 참여하면서 독일은 항복을 선언하고, 그 다음엔 이탈리아, 마지막으로 일본이 항복하며 전쟁은 막을 내렸어.

2차 세계대전은 지금까지 인류 역사상 가장 끔찍한 피해를 남긴 전쟁이야. 1차 세계대전이 유럽 중심의 전쟁이었다면, 2차 세계대전은 태평양과 아프리카, 동남아시아까지 영역이 확장되었어. 무기도 1차 세계대전 때보다 훨씬 파괴적이고 첨단화되어서 더 큰 인명 피해와 재산 피해를 냈지. 특히 마지막까지 전쟁을 멈추지 않았던 일본의 항복을 받아 내기 위해 히로시마와 나가사키에 떨어뜨린 원자 폭탄은 전 인류를 위협할 만큼 무시무시한 무기였어.

2차 세계대전에서는 무려 5000만 명이 넘는 사람들이 목숨을 잃었는데, 희생자 가운데 약 70퍼

센트는 민간인일 정도로 군인보다 민간인이 훨씬 많이 희생된 전쟁이었어.

그런데 2차 세계대전이 끝나자 세계는 무력을 사용하지 않고 경제나 외교 등을 이용해 싸우는 '냉전 시대'를 맞이해. 미국을 중심으로 한 자본주의 국가들과 소련을 중심으로 한 사회주의 국가들이 대립하며 세계는 2차 세계대전 이후 약 50년 동안 두 편으로 나뉘어 이념 갈등을 벌이지. 우리나라, 독일, 베트남의 분단도 모두 두 세력 간의 대립이 만든 결과라고 볼 수 있어.

전쟁은 또 다른 분쟁과 대립을 계속해서 만들어. 끝없는 전쟁의 도돌이표 안에서 결국 피해를 보는 건 누구일지, 굳이 말하지 않아도 다들 알겠지?

제2차 세계대전 지도

독일의 유대인 학살을 일기로 남긴 소녀, 안네 프랑크

제2차 세계대전을 일으킨 독일에선 당시 유대인을 학살하는 끔찍한 일이 벌어지고 있었어. 1차 세계대전에서 패한 후 피폐해진 독일에서는 히틀러가 이끄는 나치당이 집권을 했는데, 그는 독일 민족이 가장 뛰어나며, 독일이 위기에 빠진 이유가 모두 유대인 때문이라고 주장했지. 먹고살기 힘들었던 수많은 독일 사람들이 그의 말에 동화되었어. 나치당은 독일인과 유대인을 구분하여 차별하고, 독일 곳곳에 강제 수용소를 만들어 유대인을 가두고 학살했어. 2차 세계대전에서 희생된 사람들 중 상당수는 이러한 유대인 대학살의 피해자였지.

안네 프랑크는 당시 독일군의 유대인 박해를 피해 가족들과 함께 은신처에서 숨어 지내고 있었어. 2차 세계대전이 한창 진행 중이던 1942년 6월 12일, 안네는 열세 살 생일 선물로 일기장을 받아. 그때부터 일기를 쓰기 시작했지.

안네는 일기장에 2년여 동안 숨어 지내면서 겪었던 일들을 하나하나 기록했어. 일기에는 사춘기 소녀의 마음과 성장 과정, 가족과의 갈등, 그리고 나치당의 통치 아래 공포에 떨며 고통스러운 삶을 살아야 했던 유대인의 아픔이 오롯이 담겨 있어.

안타깝게도 안네는 누군가의 밀고로 독일군에게 발각되어 아우슈비츠 수용소에 갇혔다가 언니와 함께 장티푸스에 걸려 어린 나이에 삶을 마감했어. 평화를 꿈꿨던 작은 소녀의 일기는, 훗날 《안네의 일기》라는 책으로 출판되어 세계의 많은 사람들에게 큰 울림을 주었지.

셋. 전쟁을 하지 않는 나라에도 불안을 전파시켜
카슈미르 분쟁(1947년~ 현재)

카슈미르는 인도와 파키스탄의 국경을 양쪽으로 접하고 있는 지역이야. 또한 중국과 아프가니스탄의 국경도 접하고 있어 군사적으로 중요한 위치라고 할 수 있지. 이 지역을 두고 인도와 파키스탄이 서로 영유권(한 나라가 일정한 영토에 대하여 갖는 권한)을 주장하며 현재까지 분쟁이 계속되고 있어.

사실 인도와 파키스탄은 원래 하나였어. 그런데 제2차 세계대전이 끝나고 영국의 지배로부터 독립하면서 힌두교가 대부분인 인도와 이슬람교가 대부분인 파키스탄으로 갈라지며 갈등이 시작되었지. 그런데 카슈미르는 상황이 좀 독특했어. 주민 대부분은 이슬람교를 믿어 파키스탄에 속하기를 원했지만, 카슈미르 왕은 자신이 힌두교였기 때문에 인도를 선택한 거야.

그러자 인도와 파키스탄은 카슈미르 지역의 소유권을 두고 세 차례나 전쟁을 벌여. 그 과정에서 카슈미르 지역은 통제선을 중심으로 인도령인 '잠무카슈미르'와 파키스탄령인 '아자드카슈미르'로 분단되었어.

국제 사회의 중재로 인도와 파키스탄 국가 차원에서의 전쟁은 어느 정도 조정이 되고 있지만,

분단된 카슈미르

분쟁의 원인이 종교적 대립이라 각 종교 집단 간 게릴라전이나 테러 등은 여전히 일어나고 있어. 2005년까지 카슈미르 분쟁으로 사망한 사람들은 모두 6만 7000여 명에 이르고, 2008년 인도 뭄바이에서 발생한 테러로 사망자와 부상자는 더 늘었어. 더욱이 두 나라 모두 핵무기를 갖고 있으니 국제 사회의 불안과 우려는 더욱 클 수밖에 없어. 종교적 문제로 비롯된 두 나라 간의 분쟁이지만, 전 세계는 언제 터질지 모를 화약고를 지켜보는 심정으로 늘 불안하겠지? 전쟁은 이처럼 당사자들뿐 아니라 주위의 사람들에게까지 불안을 전파시켜.

최연소 노벨 평화상 소녀 말랄라 유사프자이

"우리가 책과 펜을 들 수 있도록 해 주십시오. 그 책과 펜이 세상에서 가장 강력한 무기입니다. 한 명의 어린이가, 한 사람의 교사가, 한 권의 책이, 한 자루의 펜이 세상을 바꿀 수 있습니다."

파키스탄 소녀 말랄라는 열 살 때부터 '여성도 교육을 받을 권리가 있다'고 주장하며 교육운동을 벌였어. 영국 BBC방송 홈페이지에 탈레반의 여성 탄압에 대한 글을 연재하여 세계적인 주목을 받기도 했지. 그러던 2012년 10월, 그녀는 학교 버스로 하교하다 탈레반 무장대원이 쏜 총에 머리를 맞아 중태에 빠지고 말아.

기적적으로 목숨을 건진 말랄라는 탈레반의 위협에도 굴하지 않고 계속해서 여성과 어린이의 교육권을 지지하는 인권운동을 펼쳤어. 그녀는 어린 나이에도 목숨을 걸고 모든 어린이와 여성의 교육권을 위해 투쟁한 공로로 2014년 열일곱 살의 나이에 역대 최연소 노벨 평화상 수상자가 되었어.

말랄라는 자신에게 총을 쐈던 탈레반을 원망하지 않았어.

"나를 쏜 사람들에 대해서는 어떤 응어리를 갖고 있지 않다. 그들을 용서했다. 용서보다 더 훌륭한 일은 없기 때문이다. 나의 어머니도 나와 마찬가지이다."

말랄라는 지금도 열심히 아이들과 여성을 위해 인권운동을 펼치고 있단다.

넷. 전쟁은 행복과 풍요의 기회를 잃게 해
아랍·이스라엘 전쟁 (1948년~현재)

아랍·이스라엘 전쟁은 팔레스타인 지역을 두고 일어난 분쟁이라 팔레스타인 분쟁이라고도 해. 팔레스타인은 동쪽으론 아시아, 서쪽으론 아프리카, 북쪽으론 유럽을 접하고 있지. 그러다 보니 전쟁도 잦았고, 정복한 나라가 바뀔 때마다 종교의 변화도 있었어. 이러한 역사를 거치며 팔레스타인은 유대교, 이슬람교, 그리스도교 등 여러 종교의 성지가 모여 있는 특수한 곳이 되었지.

그런데 2차 세계대전이 끝난 뒤, 유대인들이 팔레스타인에 이스라엘을 세웠어. 그러나 같은 지역에 다른 종교를 용납할 수 없었던 이스라엘은 팔레스타인에 살고 있던 아랍인들을 주변 아랍 국가로 밀어냈어. 이를 계기로 주변 아랍 국가(이집트, 요르단, 시리아, 레바논, 이라크 등)와 이스라엘은 1948년부터 1973년까지 무려 4차례나 큰 전쟁을 벌였어. 그 기간 동안 이스라엘의 사망자는 약 2800여 명, 부상자는 8800여 명이고, 아랍 국가의 사망자는 약 8000여 명, 부상자는 약 1만 8000여 명이 발생했어.

만약 이 지역에서 서로 다른 종교를 배척하지 않고 다름을 인정하고 받아들였다면 어떻게 되었을까? 아마 다양한 종교가 어우러져 더 풍성한 문화를 꽃피울 수 있지 않았을까? 또 풍부한 석유 자원과 지리적 장점을 활용하여 세계 속에서 더 부강한 나라가 될 수 있지 않았을까? 그랬다면 전쟁과 관계없는 수많은 국민들도 더 행복한 삶을 살 수 있었겠지. 전쟁은 행복해질 수 있는 권리와 풍요로울 수 있는 기회를 모두 잃게 만들어.

다섯. 전쟁은 수많은 이산가족을 만들어
한국전쟁(1950년~휴전 중)

1910년 일본에게 나라의 국권을 빼앗겼던 우리나라는 1945년 해방을 맞이해. 일본이 2차 세계대전의 패전국이 되면서 식민지로부터 철수하게 된 거야. 그런데 해방의 기쁨도 잠시, 다시 한국전쟁으로 한반도는 전쟁에 휩싸이고 지금까지 남북 분단의 아픔을 겪고 있지.

2차 대전의 승전국이었던 미국과 소련은 일본의 통치를 받고 있던 우리나라에서 일본군을 몰아낸다는 명분을 내세워 한반도를 반으로 갈랐어. 38선을 중심으로 남쪽은 미국이, 북쪽은 소련이 점령했지. 한반도는 미국의 자본주의와 소련의 사회주의 이념의 힘겨루기 마당이 되고 말았어. 남과 북이 단결하여 통일을 이루었다면 좋았겠지만, 남과 북은 미국과 소련에 의지해 권력 다툼만 했어. 결국 1950년 6월 25일 북한은 소련의 힘을 빌려 기습적으로 남침을 했고, 1953년 7월 27일 휴전협정을 할 때까지 한반도는 참혹한 전쟁의 소용돌이에 휘말리고 말았지. 국토는 황폐해지고 건물, 도로, 다리, 문화재가 파괴되었으며 군인뿐만 아니라 수많은 민간인들이 다치거나 목숨을 잃었어.

전쟁 기간 동안 남한과 북한 모두 합쳐 250만 명이 죽거나 실종되었고, 다친 사람까지 합하면 당시 남북 총인구의 6분의 1에 해당하는 500만 명이 피해를 입었어. 한국전쟁은 미국과 소련의 이념 전쟁이면서 동시에 같은 민족끼리 싸운 비극적인 내전이었지.

고향을 떠나 피난 가는 사람들

살아남은 사람들 가운데는 온 가족이 뿔뿔이 흩어져 이산가족이 되기도 했고, 부모를 잃은 전쟁고아도 무수히 많았어. 휴전 협정 후엔 남과 북이 서로 38선을 넘어 갈 수 없었어.

한국전쟁으로 가족과 헤어진 이산가족은 남한에만 총 12만 9688명이 있는데, 그중 절반은 이미 세상을 떠났고 남은 이들은 대부분 80대나 90대 할머니, 할아버지야. 우리는 가족이 보고 싶으면 언제든 볼 수 있고, 가족과 함께 세계 어디든 갈 수 있지. 하지만 북한에 가족을 둔 할머니, 할아버지는 가족을 바로 앞에 두고도 만날 수 없어. 평생을 그렇게 북녘의 가족을 그리워하며 지낸 이 분들이 가족의 손이라도 잡을 수 있는 날이 어서 오면 좋겠지?

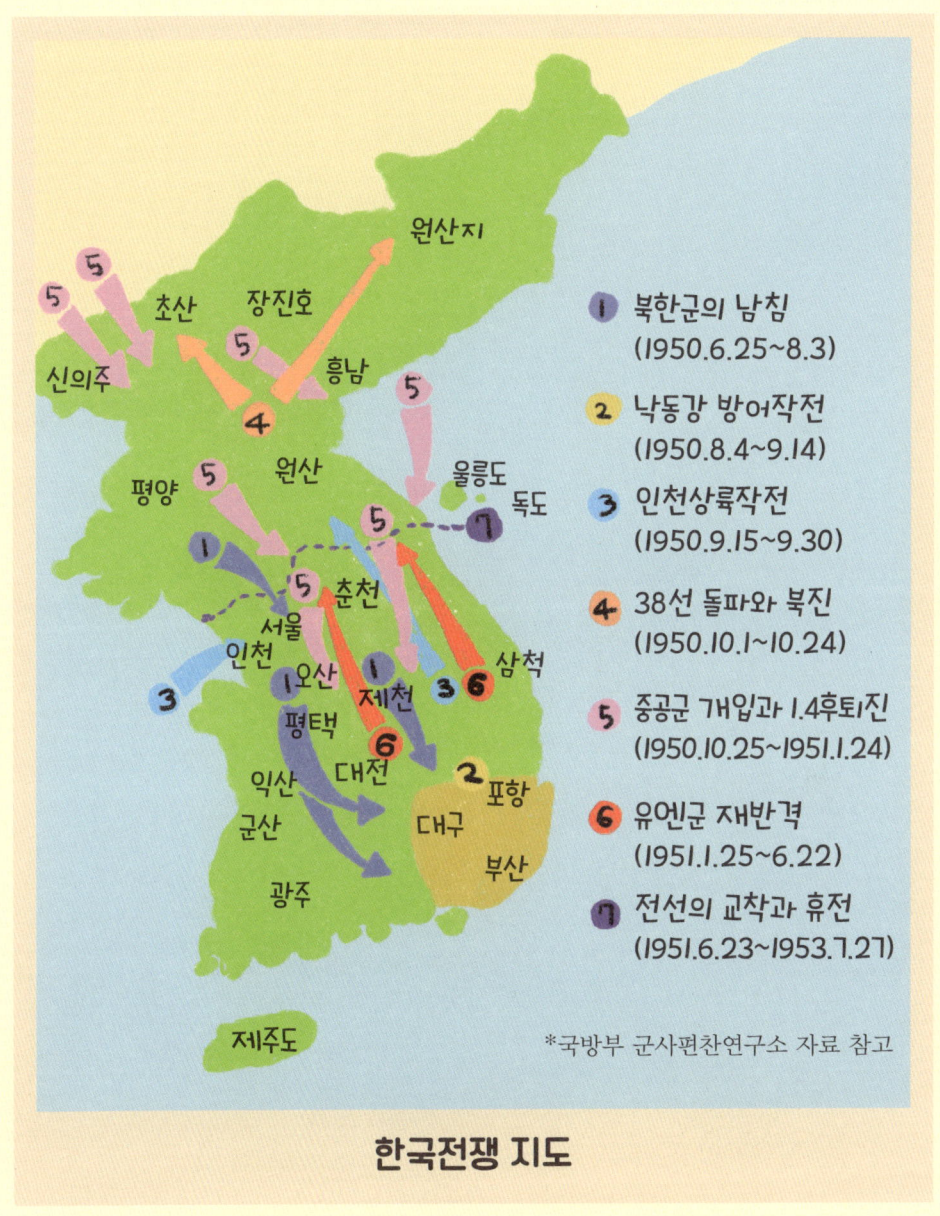

한국전쟁 지도

남한 이산가족 수 및 연령별 비율

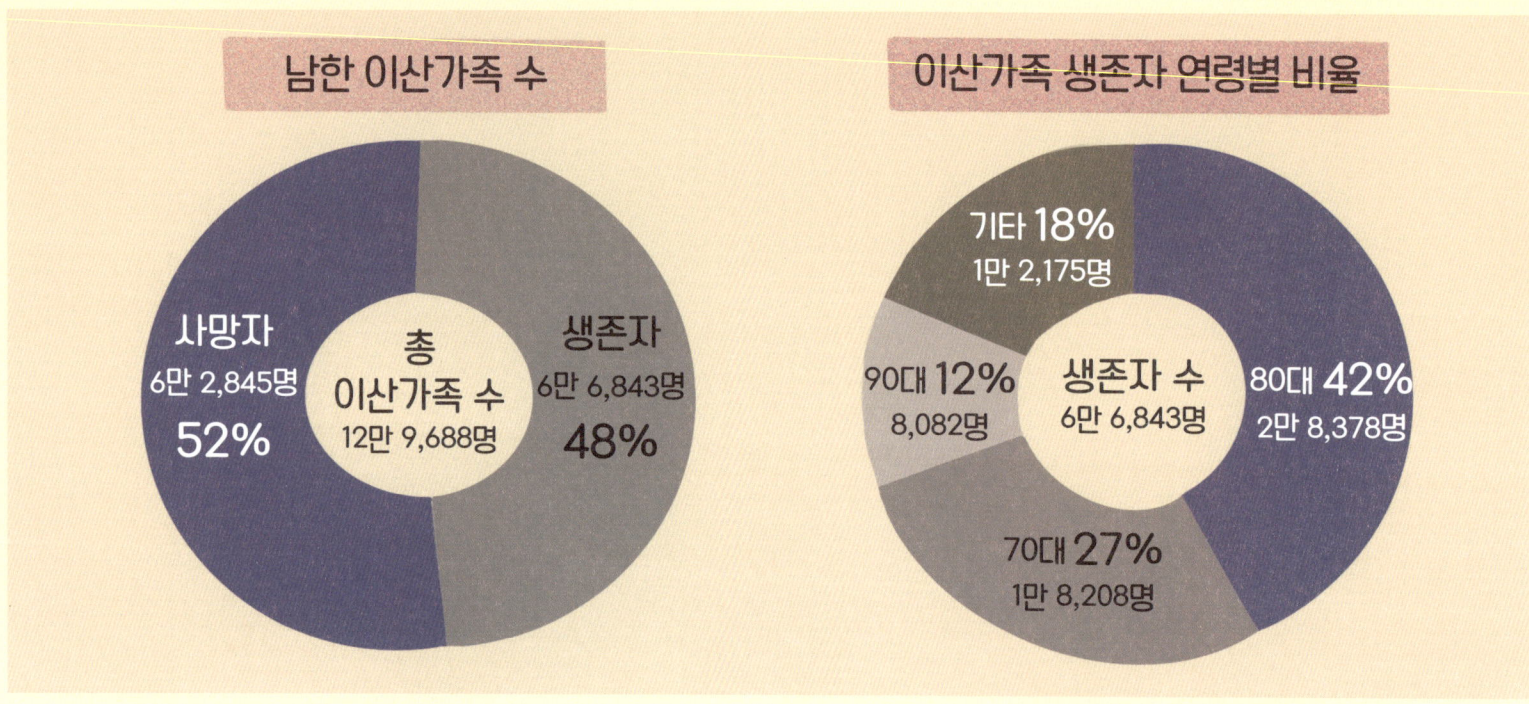

남한 이산가족 수
- 총 이산가족 수 12만 9,688명
- 사망자 6만 2,845명 52%
- 생존자 6만 6,843명 48%

이산가족 생존자 연령별 비율
- 생존자 수 6만 6,843명
- 80대 42% 2만 8,378명
- 70대 27% 1만 8,208명
- 90대 12% 8,082명
- 기타 18% 1만 2,175명

*2015년 자료-대한적십자사

통일을 위한 노력, 남북정상회담

1차 남북정상회담
2000년 6월
김대중 대통령과 김정일 위원장

2차 남북정상회담
2007년 10월
노무현 대통령과 김정일 위원장

2018 남북정상회담
2018년 4월, 5월, 9월
문재인 대통령과 김정은 위원장

여섯. 전쟁의 가장 큰 피해자는 국민이지
수단 내전(1956년~2011년)

아프리카 대륙에 위치한 나라인 수단은 1899년부터 영국과 이집트의 공동 지배를 받다가 1956년에 수단 공화국으로 독립해. 독립 전 영국은 수단 지역을 남북으로 분리하고 차별적으로 통치하여 서로 견제하게 했는데, 이 때문에 서로 감정이 좋지 않았던 남과 북이 독립 후에도 서로 대립을 하지. 이슬람교도 중심의 북부 수단 공화국 정부와 기독교와 원시종교를 믿는 남부 주민들 사이에 종교 갈등이 일어나.

남부 주민들은 정부가 이슬람교도 중심의 차별 정책을 펴는 것에 대항하여 '수단인민해방군'(SPLA)을 조직하고, 반정부 무장 투쟁을 벌이기 시작했어. 더불어 자신들이 살고 있는 남부 3개 주의 독립을 요구해. 그러나 정부는 단호히 거절했고, 이때부터 수단인민해방군과 수단 공화국 정부 사이의 길고 긴 내전이 시작돼.

세력 다툼과 종교 갈등으로 시작된 내전은 차츰 석유와 금 같은 자원 쟁탈전으로까지 번졌어. 내전이 길어지면서 굶주림과 질병으로 국민 200만여 명이 목숨을 잃었고, 400만 명 이상이 난민이 되었어. 그래도 정부와 수단인민해방군은 전쟁을 멈추지 않았어.

2005년 1월, 국제 사회의 노력으로 수단인민해방군과 정부는 가까스로 평화협정을 맺었고, 수단 남부지역은 2011년 7월 '남수단 공화국'이란 이름으로 독립하면서 내전은 끝이 났어.

하지만 남과 북은 아직도 자원 문제 등으로 크고 작은 마찰을 벌이고 있고, 남수단 공화국 안에서도 종교 및 부족 간 권력 다툼이 끊이지 않아 그곳 주민들은 여전히 비참하고 힘든 생활을 이어가고 있어.

일곱. 평화를 선택하면 주변국과 관계가 좋아지고 잘살게 돼
베트남 전쟁(1960년~1975년)

제국주의 국가들이 식민지를 넓혀 가던 때에 베트남도 식민지로 지배를 받았던 나라 중 하나야. 1883년부터 프랑스 식민지였던 베트남은 2차 세계대전 때 일본의 지배를 받다가 일본이 전쟁에서 패하고 물러나면서 베트남 민주공화국을 세워. 그런데 2차 세계대전이 끝나자 프랑스가 다시 베트남에 대한 권리를 주장하며 들어온 거야. 베트남과 프랑스는 9년 동안 전쟁을 벌였고, 결국 전쟁에서 패한 프랑스가 베트남에서 물러나게 되지.
하지만 이 과정에서 소련과 중국의 정치적 간섭, 프랑스와 미국의 개입으로 베트남은 완전한 독립을 이루진 못했어. 결국 1954년 북위 17도선을 경계로 남베트남과 북베트남으로 나뉘게 돼.

베트남 전쟁 지도

미국은 남베트남을 도와 북베트남과 베트콩(남베트남 내의 공산주의 세력 '남베트남 민족해방전선')과 전쟁을 벌여. 이 베트남 전쟁엔 우리나라 군인도 미국의 요청으로 참가했지. 미국은 북베트남에 고엽제라는 독극물을 뿌리고 생명체에 끔찍한 고통을 주는 네이팜탄이라는 폭탄도 투하했어. 하지만 북베트남도 이에 굴복하지 않고 남베트남 36개 도시에 기습공격을 했어. 전쟁이 끝날 기미가 보이지 않자 미국은 마침내 베트남에서 철수하기로 결정해. 미국이 철수한 후에도 남베트남과 북베트남은 전쟁을 벌였고, 1975년 북베트남이 남베트남을 무너뜨리면서 베트남 전쟁은 비로소 끝이 나.

남과 북이 하나로 통일되고 평화를 찾은 베트남은 이후 세계 모든 국가와 좋은 관계를 맺기

베트남 밀림에 고엽제를 뿌리는 미군 헬리콥터

위해 노력했고, 국제평화기구인 국제연합(UN)에도 가입했어. 과거에 우리나라도 베트남 전쟁에 참여해 미군의 편에서 상처를 주기도 했지만, 지금은 좋은 관계를 이어가고 있어. 베트남은 우리나라와 문화, 경제적으로 활발한 교역을 하고 있으며, 지금은 우리나라 사람들이 많이 여행하는 나라 중 하나가 되었지.

2019년에는 베트남의 수도 하노이에서 북한과 미국 사이의 평화협상인 북미정상회담이 열리기도 했어. 하노이가 북미정상회담 장소로 선택될 수 있었던 건, 베트남이 북한과 미국 두 나라와 모두 평화로운 관계를 맺고 있기 때문이야. 서로 전쟁을 일으켰던 나라지만 과거를 용서하고 보다 나은 관계로 나아가고자 한다면 얼마든지 좋은 관계를 만들 수 있고, 더 잘살게 될 수 있어.

베트남의 독립을 위해 싸운 민족 지도자, 호찌민

호찌민은 프랑스의 식민지였던 베트남의 자주 독립을 위해 오랫동안 독립운동을 이끌었던 인물이야. 프랑스가 떠난 뒤 미국이 들어왔을 때도 조국 해방을 위해 노력했어. 일제 강점기에 우리나라의 독립을 위해 일본에 맞섰던 김구나 윤봉길 같은 독립투사였던 거지. 안타깝게도 베트남 전쟁이 끝나기 전에 세상을 떠나 베트남이 통일되는 것을 지켜보진 못했어. 하지만 베트남 사람들은 평생 베트남 독립을 위해 힘쓴 그를 기리며 베트남이 하나로 통일된 후 남베트남의 수도였던 '사이공'을 그의 이름을 따 '호찌민'으로 바꾸었어.

베트남 축구 국가대표팀을 이끄는 박항서 감독

베트남은 축구를 잘하는 나라는 아니었어. 아시아에서도 약체로 꼽혔지. 그런데 2017년 박항서 감독이 베트남 축구 국가대표팀을 맡고 난 이후 실력이 나날이 몰라보게 성장한 거야. 대회를 나갈 때마다 베트남 국가대표팀은 역대 최고 성적을 거두면서 베트남 축구의 새로운 역사를 쓰고 있지. 베트남 국민들은 박항서 감독과 국가대표팀을 응원했고, 이를 계기로 베트남과 우리나라는 국민들끼리 마음으로 더 가까운 나라가 된 것 같아. 이건 정치인도 쉽게 할 수 없는 일이야. 그런 의미에서 박항서 감독은 축구 감독 이상의 큰 역할을 해냈다고 할 수 있어.

여덟. 전쟁은 끝나도 다시 예전처럼 돌아가는 데 더 많은 노력이 들어
이란·이라크 전쟁(1980년~1988년)

이란과 이라크는 오래 전부터 종교, 민족, 영토 문제로 사이가 좋지 않았어. 둘 다 이슬람교를 믿는 국가지만 서로 다른 교리를 따랐어. 그리고 이란에는 페르시아 사람들이, 이라크에는 아랍 사람들이 주로 살았어. 또 이란과 이라크는 두 나라 사이에 흐르는 샤트알아랍 강의 소유권을 두고 1930년대부터 여러 차례 대립해 왔지. 그러다 1979년, 이란이 내부적으로 혼란한 틈을 타 이라크가 공격하면서 두 나라 사이에 전쟁이 시작됐고, 이 전쟁은 8년이나 이어졌어. 이란과 이라크 어느 쪽도 이기지 못하고 돌이킬 수 없는 피해만 남긴 비참한 전쟁이었지.

이라크는 전쟁을 하며 쿠웨이트에서 빌린 돈을 갚아야 했는데, 갚을 여력이 되지 않았어. 하지만 쿠웨이트도 사정을 봐주지는 않았어. 그러자 화가 난 이라크가 쿠웨이트를 침공하면서 걸프 전쟁이 일어나. 하나의 전쟁이 또 다른 전쟁을 불러일으킨 셈이야.

이란과 이라크는 원래 풍부한 자원과 찬란한 문화유산을 지닌 부자 나라였어. 하지만 전쟁으로 인해 최고의 석유 생산국이면서도 가난에 허덕이고 있어. 이처럼 전쟁은 한번 일어나면 그 피해가 헤아릴 수 없을 만큼 커. 전쟁이 끝나고 그걸 다시 복구한다 해도 다시 예전처럼 돌아가는 데는 굉장한 시간과 노력이 들지.

사담 후세인 1979년에 이라크 대통령이 되었고, 이란·이라크 전쟁과 걸프전을 일으켜 모두 패배했어. 후에 미국과의 전쟁에서도 패배한 후 도주하여 숨어 지내다가 2003년 체포되었고, 전범재판에 회부되어 사형으로 생을 마감했어.

아홉. 평화를 선택하면 문화가 발전해
유고슬라비아 내전(1991년~1999년)

유고슬라비아는 유럽 동남부 발칸 반도에 있었던 공화국이야. 지금은 여러 나라로 분리 독립되었는데, 독립 과정에서 약 10년 동안 전쟁이 있었지. 사실 발칸 반도는 여러 개 나라로 이루어져 있었는데, 2차 세계대전 이후 '요시프 브로즈 티토'라는 사람이 6개 공화국(슬로베니아, 크로아티아, 보스니아, 세르비아, 몬테네그로, 마케도니아)과 2개 자치주(코소보, 보이보디나)를 묶어 '유고슬라비아 사회주의 연방공화국'을 세웠어.

티토는 서로 다른 민족, 종교로 이루어진 유고슬라비아 연방공화국을 안정적으로 다스려서 잘사는 나라로 만들었어. 하지만 티토가 사망하자 애초에 분리되어 있던 민족 사이에 갈등이 터져 나오기 시작했지. 슬로베니아와 크로아티아가 먼저 연방공화국으로부터 독립하겠다고 선언하고 나섰어. 그러자 연방공화국 안에서 정치적 주도권을 장악했던 세르비아는 이들의 독립을 막기 위해 슬로베니아를 침공해. 뒤이어 슬로베니아, 크로아티아, 보스

유고슬라비아 연방공화국 지도

니아, 코소보도 독립을 선언하며 긴 내전이 이어지지.

약 10년여 동안 수많은 사람들이 목숨을 잃고 난민이 되었는데, 특히 보스니아 내전 때는 미국과 나토(북대서양조약기구), 러시아도 참가해 그 피해 규모가 더 컸어. '인종 청소'라 불릴 만큼 다른 민족에 대한 무자비한 학살이 대량으로 자행되었지. 뒤이은 코소보 내전에서도 끔찍한 대량 학살이 있었고, 50만 명에 이르는 난민이 생겼지. 국제연합(UN)이 개입하여 전쟁은 끝났지만, 여러 민족과 종교가 뒤섞인 옛 유고슬라비아 지역은 갈등이 조금 남아 있긴 해.

사라예보 묘지-보스니아 내전 희생자들 묘지

평화를 찾은 크로아티아와 슬로베니아, 보스니아 등은 아름다운 중세의 모습을 간직한 여행지로 우리나라 사람들이 많이 찾고 있어. 특히 크로아티아는 최근 축구 강국으로 떠오르면서 많은 축구 팬들로부터 관심을 받고 있지. 여러 민족과 종교가 섞여 있다는 건 분쟁의 원인이 될 수도 있지만, 반대로 다양한 문화가 어우러져 문화 강국이 되는 발판이 될 수도 있어. 어느 시대 어느 지역에도 항상 크고 작은 분쟁의 씨앗은 있어. 모든 사람이 나와 같을 수는 없으니까. 하지만 그것을 어떻게 받아들이고 무엇을 선택하느냐에 따라 미래는 완전히 달라질 거야.

전쟁으로도 짓밟지 못한 한 첼리스트의 연주

전쟁의 폐허 속에서 첼로를 연주하는
베드란 스마일로비치

1992년 5월 유고슬라비아 내전으로 아무 죄 없는 사라예보 시민 22명이 목숨을 잃은 사건이 있었어. 빵을 사려고 줄을 섰던 시민들 위로 갑자기 포탄이 떨어진 거야. 그런데 바로 그 다음 날 오후 4시, 검은색 정장을 입은 한 남자가 첼로를 들고 그곳에 나타나 연주를 시작했어.

그는 사라예보 오페라 교향악단의 수석 첼리스트 베드란 스마일로비치였어. 그는 폭격으로 무너진 국립도서관 잔해 위에서 홀로 첼로를 연주했어. 저격병들이 총을 겨누었지만 물러서지 않고 알비노니의 '아다지오 G단조'를 연주했어. 슬프고 아름다운 선율이 전장 곳곳에 울려 퍼졌고, 연주가 끝날 때까지 아무도 그에게 총을 쏘지 못했지.

그는 22일 동안 같은 시간에 정확히 나타나 희생자 한 명 한 명을 추모하며 첼로를 연주했어. 그의 목숨을 건 연주는 전쟁으로 고통과 슬픔에 빠진 사라예보 시민들을 위로해 주었을 뿐 아니라, 평화에 대한 의지와 희망을 심어 주었지.

열. 전쟁은 아이들마저 총을 들게 해
예멘 내전(1994년~현재)

지난 2018년 4월, 우리나라 제주도에 예멘 난민 500여 명이 한꺼번에 입국하는 일이 있었어. 이 난민들을 받아들이느냐 마느냐로 전 국민의 관심이 집중되기도 했지. 이들은 왜 자기 나라를 두고 세계 곳곳을 떠돌아다닐 수밖에 없었을까?

중동 내 예멘 위치

예멘은 아라비아 반도 남쪽 끝단에 있는 나라로, 과거 오스만 제국으로부터 독립한 북예멘(예멘 아랍 공화국)과 1967년 영국으로 부터 독립한 남예멘(예멘 인민 민주주의 공화국)으로 분리되어 있었어. 1990년 남과 북이 합의하여 통일을 이루었지만, 북예멘이 주도한 통일은 남예멘에겐 불리한 부분이 많았어. 남예멘은 이에 불만을 갖게 되고, 결국 1994년 1차 내전이 일어났지.

1차 내전은 북예멘의 승리로 끝났어. 하지만 여전히 북예멘을 인정할 수 없었던 남예멘 사람들 사이에서 다시 남북을 분리하자는 주장이 나왔어. 그리고 2차 내전이 일어나게 돼. 2차 내전에선 1차 때보다 더 위협적이고 강력한 무기들이 등장했어.

남북은 전쟁과 휴전을 반복하다 2012년 예멘 정부가 '내전 종료'를 선언하면서 마무리되는 듯했어. 하지만 테러 집단과 이란, 사우디아라비아 등 주위 국가들까지 개입하면서 국제전으로 번지고 말았어. 국제연합(UN)이 휴전 협상을 중재하고 있지만 분쟁은 아직까지도 이어지고 있어.

예멘 소년병-전쟁터로 내몰리는 어린 병사들

예멘 내전으로 약 5만 7000명이 목숨을 잃었고, 전쟁을 할 군인이 모자라 어린 아이들마저 '소년병'이 되어 총을 든 채 전쟁터로 나가고 있어. 언제 끝날지 모를 전쟁 속에서, 어린 자식마저 전쟁터로 내몰아야 할 상황이라면 누구라도 그곳을 떠나고 싶을 거야. 내 나라, 내 집을 버리고 떠돌더라도 전쟁만은 피하고 싶은 수많은 난민들이 아직도 세계 곳곳에 있어. 우리나라에 들어온 이들도 그 수많은 난민들 중 일부이지.

예멘은 거리상 먼 나라고, 그들의 전쟁이 우리와는 상관없는 문제라고 생각할 수 있지만, 이 같은 난민 문제만 봐도 지구상에서 벌이지고 있는 전쟁은 더 이상 남의 일이 아니란 걸 잘 알겠지?

비정부기구(NGO: Non-Governmental Organization)

개인이나 기업, 국가가 아닌 시민단체들이 중심이 되어 물질적 이익보다 사회 정의를 실천하기 위해 만들어진 조직이야. 지구촌 곳곳의 보건, 인권, 환경, 정치, 성차별 철폐 등과 관련된 문제를 해결하기 위해 활동하고 있어. 각 나라 안에서 활동하는 비정부기구까지 합하면 전 세계 비정부기구는 100만 개가 훨씬 넘어.

대표적 비정부기구

국경 없는 의사회: 1971년 프랑스 파리에서 의사들과 언론인들에 의해 설립된 비영리 단체야. 인종, 종교, 성별, 정치적 성향에 따른 차별 없이 질병이나 자연재해, 전쟁 등으로 고통 받는 이들이 있다면 어디든 가서 긴급 구호 활동을 하고 있어.

굿네이버스: 1991년 한국에서 설립된 비정부기구야. 굶주림 없는 세상, 더불어 사는 세상을 만들기 위해 도움이 필요한 곳에 다양한 활동을 지원하는 단체야.

해비타트: 1976년 미국에서 설립한 국제적 민간 기독교 운동 단체로, 집 없는 사람들이 편안한 집에서 살 수 있도록 집 고치기, 집 짓기 같은 활동으로 도움을 주고 있어.

열하나. 전쟁은 나라를 잃고 세계를 떠도는 난민을 만들어
시리아 내전(2011년~현재)

시리아 내전은 아주 사소한 일에서 시작됐어.

2001년 몇몇 학생들이 학교 담벼락에 민주화를 요구하는 내용을 썼다는 이유로 체포돼 고문을 당하는 사건이 있었어. 이에 시민들은 학생들의 석방과 민주주의를 요구하며 평화적 집회를 벌였지. 그런데 시리아 정부는 평화적 시위를 하는 시민들에게 총을 쏘는 등 무력으로 진압하려 한 거야.

한 정권의 장기 집권과 강압적 통치가 부당하다 생각했던 수많은 시민들은 이 사건을 계기로 거리로 나왔고, 독재자 바샤르 알아사드 대통령의 퇴출을 요구하는 반정부 시위가 전국으로 확산됐어. 시리아 민주화 집회는 정부의 무자비한 진압으로 점차 무장 투쟁으로 변해 갔어.

2011년부터 2018년까지 약 36만 명이 목숨을 잃었고, 가까스로 살아남은 사람들은 난민이 되어 전 세계를 떠돌고 있어. 2015년 세 살배기 시리아 난민 아기 아일란 쿠르디가 생명을 잃은 채 터키의 한 바닷가에서 발견되면서 전 세계가 슬픔과 충격에 휩싸이기도 했어.

국제연합(UN)이 시리아 내전에 개입을 시도했으나, 이슬람 종파 갈등, 주변 아랍 국가들의 관여, 미국과 러시아의 대리전 등으로 복잡하게 사태가 확대되면서 지금까지도 해결이 되지 않고 있어.

만약 시리아 정부가 그 작은 사건을 평화롭게 해결했다면 어땠을까? 그랬다면 전 세계를 울린 난민 아기의 죽음도, 시리아 국민이 세계를 떠도는 일도 없었을 거야.

열둘. 전쟁에는 승자가 없지만, 평화를 선택하면 모두가 승자야

우리도 돌아보면 가족이나 친구들과 '전쟁'을 한 적이 있어. 서로 갖고 싶은 것이 같았거나, 마음을 오해했거나, 혹은 도무지 상대방을 이해할 수 없어서 참지 못하고 부딪혔을 거야. 세계 여러 지역에서 벌어지는 갈등과 전쟁의 원인도 크게 다르지 않아. 자원을 더 많이 갖기 위해서, 더 넓은 땅을 차지하려고, 서로 다른 정치적 이념이나 종교를 인정할 수 없어서, 다른 민족의 주장을 받아들일 수 없어서 전쟁을 일으키지.

그런데 꼭 전쟁을 해야만 이런 문제들을 해결할 수 있는 걸까? 과거 전쟁의 사례들을 살펴보면, 전쟁으로도 그 문제들은 쉽게 해결되지 않고, 오히려 이긴 쪽이나 진 쪽 모두에게 큰 상처만 남길 뿐이었어. 그리고 지금껏 어떤 전쟁도 완벽하게 끝나거나 문제가 해결된 적이 없어.

반면 문제가 있었을 때 전쟁 대신 대화나 협상 같은 평화적인 방법으로 해결하려 했다면 어떻게 되었을까? 서로가 원하는 바를 모두 얻지 못하더라도 조금은 얻을 수 있었을 테고, 전쟁으로 고통을 받는 이들이 이렇게 많이 생기진 않았을 거야. 또한 앞에서 살펴봤듯이 전쟁을 끝내고 평화를 선택한 나라는 주변 나라와의 관계도 좋아지고 활발한 교류를 통해 점점 발전하고 있다는 걸 확인할 수 있었지.

즉 전쟁에는 승자가 없지만, 평화를 선택하면 모두가 승자가 될 수 있다는 거야. 이게 우리가 어떤 경우에도 평화를 선택해야 할 이유야. 하지만 평화는 저절로 이루어지는 것이 아니고, 언제든 깨질 수도 있어. 나 혼자 평화에 대한 의지가 강하다고 해서 유지되는 것도 아니고 반드시 모두가 평화에 대한 약속을 하고 이를 지키기 위해 노력을 해야 해.